...T D'OPÉRA
... DE LA CONCORDE

COMMUNICATION

SOCIÉTÉ HISTORIQUE ET ARCHÉOLOGIQUE

... ET ...e ARRONDISSEMENTS DE PARIS

PAR

M. Paul LAFOLLYE

IMPRIMERIE BELLIN

MONTDIDIER

1911

UN PROJET D'OPÉRA

PLACE DE LA CONCORDE

UN
PROJET D'OPÉRA
PLACE DE LA CONCORDE

COMMUNICATION

FAITE A LA SOCIÉTÉ HISTORIQUE ET ARCHÉOLOGIQUE

DES VIIIe ET XVIIe ARRONDISSEMENTS DE PARIS

PAR

M. Paul LAFOLLYE

IMPRIMERIE BELLIN

MONTDIDIER

1912

Extrait du *Bulletin de la Société Historique et Archéologique des VIIIe et XVIIe Arrondissements* (Janvier-Juin 1912).
Tiré à 100 exemplaires.

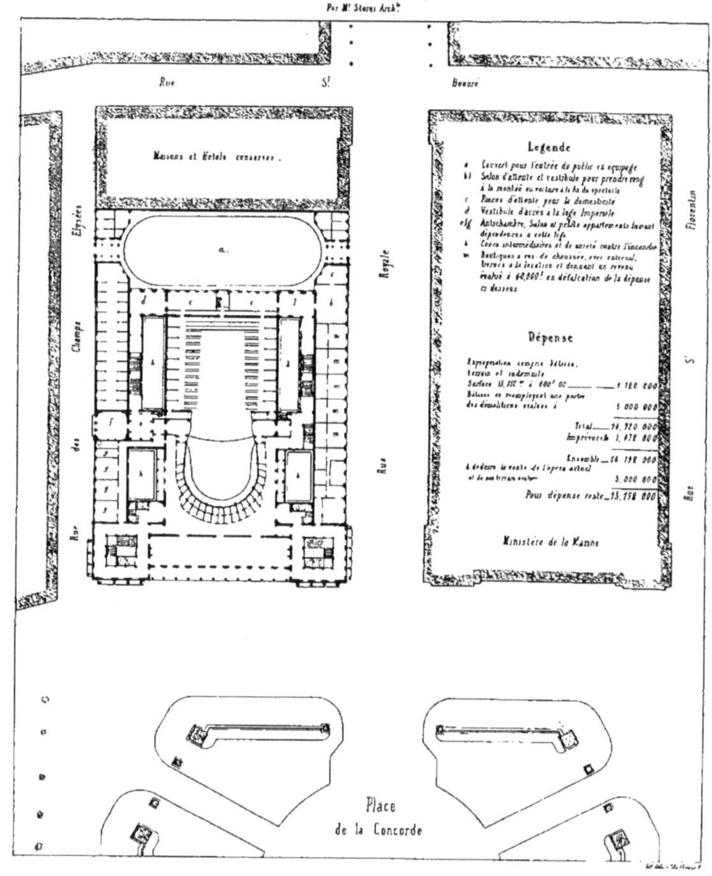

PROJET D'OPÉRA DE M. STOREZ.

UN PROJET D'OPÉRA

Place de la Concorde.

Le projet d'Opéra que je me propose d'examiner est manifestement postérieur à 1844 ; en effet, sur le plan qui le représente,les fossés, qui longeaient autrefois les balustrades, sont comblés. D'autre part ce projet est antérieur au 29 septembre 1860, date de la déclaration d'Utilité Publique de la Construction d'une nouvelle salle d'Opéra, opération comprise dans les grands travaux qui transformèrent le quartier de la Chaussée d'Antin.

Le plan auquel je me réfère, privé de son texte explicatif et détaché probablement d'une publication, porte en titre :

Construction de l'Opéra en parallèle du Ministère de la Marine sur la Place de la Concorde, par M. Storez, architecte (¹).

1. Maurice Storez (1804-1881) naquit à Douai et fut attiré à Paris en 1820 par Ciceri dont il fit la connaissance chez son premier patron M. Mallet, architecte de la ville de Douai.

Après avoir passé quelque temps dans les ateliers de décoration de Ciceri, il suivit sa vocation et entra dans les Bureaux de MM^{es} Lecointe, d'Abbeville, et Hittorf. architecte du roi Charles X, où il fut chargé par Lecointe de la surveillance des travaux de restauration de la salle Favart en 1823 et de la construction de l'Ambigu Comique en 1828.

A partir de ce jour il eut des ressources suffisantes et poursuivit ses études en entrant à l'Ecole des Beaux Arts : un bel avenir, tout de travail, lui était réservé, il réussit à contenter les administrations qui se l'attachèrent — et gagna la confiance d'une sérieuse clientèle par son honorabilité et ses capacités. — Il employa une partie de l'aisance qu'il gagna en bonnes œuvres, en réunissant les éléments d'une belle collection d'objets d'arts que son goût très sûr savait distinguer à une époque où l'on ne s'en occupait guère.

Son petit-fils, Maurice A. Storez, appartient par sa mère à la famille des célèbres Plantin-Moretus, Architecte et Professeur à l'Ecole des Roches, il suit brillamment les traditions paternelles en les rajeunissant. Il a créé à Vernon un de ces

On sait que sur ces terrains Louis XV avait pensé édifier la Monnaie ; le projet fut abandonné parce que l'emplacement à l'époque n'était pas assez central, les maisons de la ville, en effet, s'arrêtaient aux Boulevards et la future Monnaie se fut trouvée momentanément sur les confins de la Capitale.

Nous ne croyons pas inutile de rappeler brièvement après quelles hésitations fut décidée la décoration de « la Place du Roi »; le plan reproduit d'après l'ouvrage de M. le Comte de Fels sur « Les Gabriel » fait comprendre le plan dressé sous l'inspiration de M. de Vandières et arrêté par Louis XV à Compiègne le 20 Juillet 1753. Dans cet avant-projet, le futur pont est jeté dans l'alignement de la rue de Bourgogne afin de ne pas masquer le Palais-Bourbon ; sur son prolongement la rue Royale est établie — l'axe de la place passe entre la rue Royale et la rue Dauphine qui lui fait pendant ; dans l'intervalle de ces deux rues devait s'élever l'Hôtel des Mousquetaires.

Gabriel revient presque de suite sur cette disposition qu'il n'avait présentée qu'à contre-cœur et le 9 Décembre 1755 il fait heureusement annuler par le Roi le projet de 1753 et approuver le plan qui a été exécuté.

Mais revenons à notre sujet : « L'Opéra de la rue de Richelieu » où fut frappé le Duc de Berry en 1820, fut abandonné et démoli ; pour le remplacer l'architecte Debret construit la Salle provisoire de la rue Le Pelletier inaugurée en août 1821.

Or, l'existence de cette salle hâtivement bâtie inspira toujours des craintes, soit d'incendie aux immeubles voisins, soit de catastrophe par son effondrement ; aussi de nombreuses demandes furent-elles adressées aux Ministres pour que l'Opéra soit transféré sur un autre emplacement ; il n'est donc pas surprenant qu'un architecte entreprenant ait eu de sa propre initiative, l'idée de construire une nouvelle salle et d'élever l'Opéra sur la plus merveilleuse Place du monde, la Place de la Concorde.

petits foyers d'art qui tendent à se multiplier aujourd'hui pour le plus grand bien de nos provinces et de notre belle France.

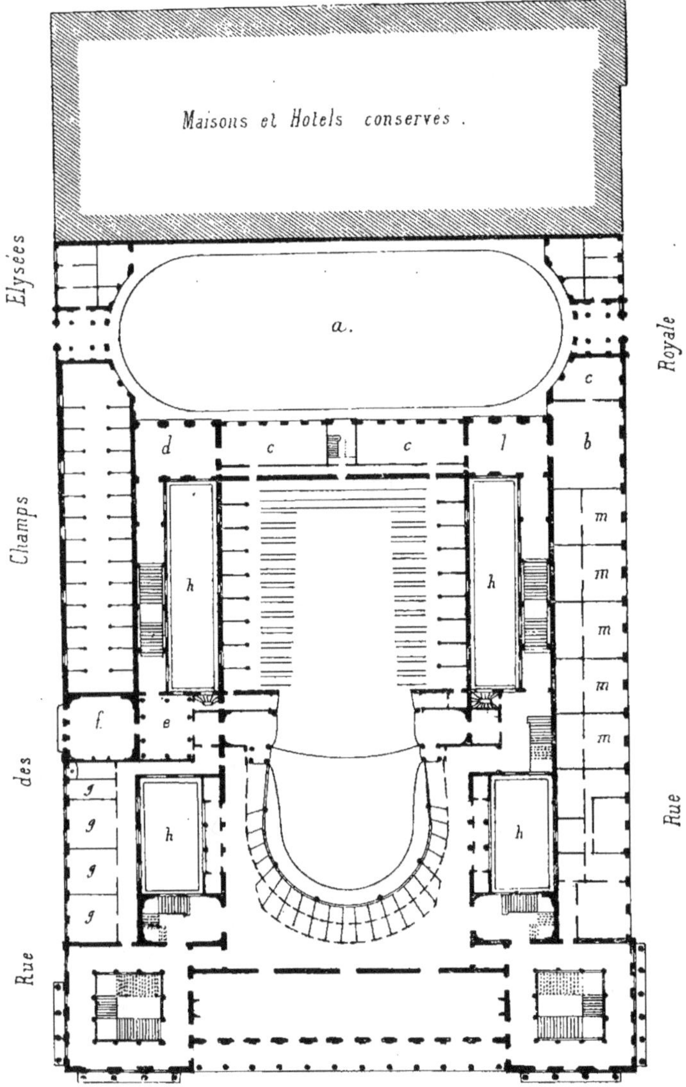

PROJET D'OPÉRA DE M. STOREZ.

L'idée n'était pas neuve, car de Nuitter dans le petit livre qu'il a consacré à l'Opéra raconte que :

de nombreux plans furent proposés après les incendies des Salles de 1763 et de 1781, ainsi qu'après l'attentat de 1820 et sur les emplacements les plus divers ;

23 au Carrousel ou aux Tuileries ;

15 au Palais-Royal ;

8 au Louvre ;

6 aux Champs-Elysées et Place de la Concorde (1).

C'est un de ces derniers plans qui nous occupe aujourd'hui ; retrouvé dans un carton de dessins, d'où provient-il ? à quelle occasion vit-il le jour ?

Son auteur, M. Storez, commence à exercer en 1839 et entre à la Société Centrale en 1841 la deuxième année de sa fondation ; il avait pour présentateurs ses Maîtres Noleau, Gilbert, Constant, Hittorf et Questel ; il remplissait alors les fonctions d'Inspecteur des Travaux Publics dans le service de Hittorf et en cette qualité il eut précisément à s'occuper des travaux de la nouvelle décoration de la Place de la Concorde. Actif et avisé, Storez prit part à de nombreux concours : pour les Halles Centrales de Paris, le Musée d'Amiens, le nouvel Opéra, le Sacré-Cœur ; il mourut en 1889, laissant derrière lui une réputation d'intégrité poussée jusqu'au dernier scrupule ; ennemi de la réclame il vivait simplement et mourut en silence. Nos périodiques professionnels ne lui consacrèrent aucun article nécrologique, et c'est faire acte de justice que de rappeler ici la mémoire de cet ancien habitant de notre arrondissement ; car Storez passa ses dernières années 17, rue du Cirque, dans un bel immeuble qu'il avait construit ; il édifia aussi de nombreux hôtels parmi lesquels il faut citer dans le VIIIe arrondissement, l'ancien hôtel de Lillers, appelé aussi Hôtel du Roi de Hanovre, démoli récemment pour faire place au Théâtre des Champs-Elysées.

L'Opéra projeté par Storez sur la Place de la Concorde couvrait 12.150 mètres de surface, l'Opéra actuel n'occupe que

1. Au Salon de 1800 (15 fructidor An VIII) le citoyen Gisors, architecte, avait exposé un projet d'Opéra sur les constructions de la Madeleine. Bulletin de la Société du VIIIe Arrt. T. VI. 1904. X, 1908.

11.240 mètres environ. Le plan que nous avons sous les yeux est un projet idée, accompagné d'un devis global destiné à faire connaître au public les grandes lignes de l'entreprise que l'Architecte avait étudiée, peut-être en vue d'une Société à constituer pour en assurer la réalisation, car ce projet à l'époque fut pris assez au sérieux pour inquiéter les propriétaires des Hôtels qui craignirent d'être expropriés.

L'entrée du souverain et des abonnés se faisait dans une grande cour, couverte probablement, ayant des issues rue Royale et rue Boissy d'Anglas.

L'édifice était desservi par de nombreux et vastes escaliers, le Foyer, superbe avec sa loggia, jouissait de l'admirable coup d'œil de la Place de la Concorde. (Cette belle disposition fut adoptée par Garnier pour son nouvel opéra).

L'habitude que nous avons de voir notre Académie nationale de musique située sur les Boulevards, nous empêche probablement d'apprécier tout ce que le projet de Storez avait de beauté et de nous rendre compte s'il aurait répondu aux besoins du public. Il nous manque les coupes pour nous permettre d'apprécier dans quelles mesures il aurait modifié la physionomie du Bâtiment actuel.

La dépense de l'Opéra de Storez est évaluée à 16.200.000 francs.

Or, Ch. Garnier dans son ouvrage « Le Nouvel Opéra de Paris » compte que le prix de revient du mètre cube de son monument *tout compris* est de 85 fr. 60, (à titre de renseignement et de comparaison, il serait de 150 fr. pour la Madeleine, non compris le mobilier) ; d'autre part, on peut évaluer à 428.666 mètres cubes la masse totale des constructions. L'Opéra de Garnier a donc coûté, mobilier compris, 35.365.000 francs environ, plus du double de celui de Storez, qui conservait, il est vrai, toutes les façades existantes du bloc qu'il voulait utiliser.

Cette courte notice n'a pas la prétention d'épuiser la question ; puisse-t-elle toutefois réussir à provoquer des observations et communications sur ce projet inexécuté ou sur bien d'autres qui auraient — s'ils avaient été réalisés — modifié notablement la vie et l'aspect du huitième arrondissement.

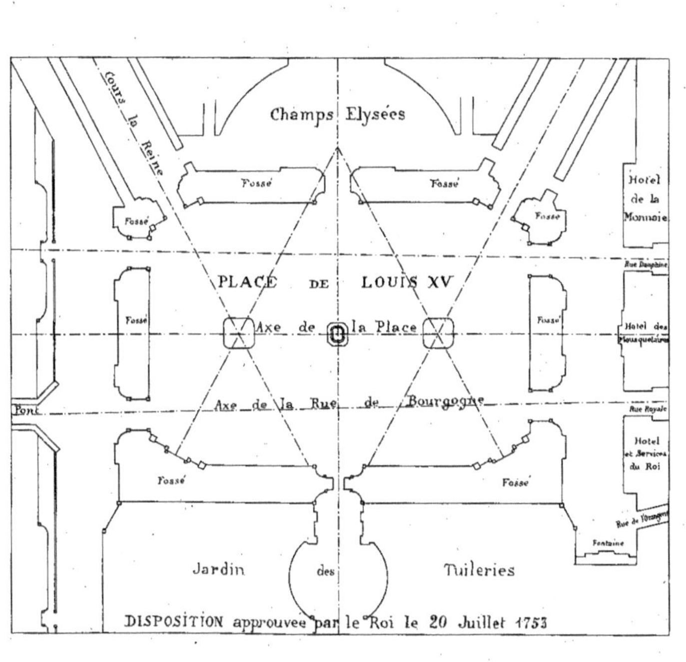

Cours la Reine
Champs Elysées
Fossé
Fossé
Fossé
Fossé
Hotel
de la
Monnaie
Rue Dauphine
PLACE DE LOUIS XV
Fossé
Fossé
Axe de la Place
Hotel des
Mousquetaires
Axe de la Rue de Bourgogne
Rue Royale
Pont
Hotel
et Services
du Roi
Fossé
Fossé
Rue de l'Orangerie
Fontaine
Jardin des Tuileries
DISPOSITION approuvée par le Roi le 20 Juillet 1753

Nos vieux papiers recèlent beaucoup de curiosités de ce genre ; leur faire voir le jour est du temps bien employé et c'est aussi quelquefois l'occasion d'accomplir une œuvre de justice ou de réparation envers des modestes ou des méconnus ; c'est la pensée à laquelle a obéi l'auteur de ces quelques notes en exhumant l'intéressant projet de M. Storez.

MONTDIDIER. — IMPRIMERIE BELLIN.

www.ingramcontent.com/pod-product-compliance
Lightning Source LLC
LaVergne TN
LVHW021748030726
842523LV00003B/979